De la même Maison d'Édition

Quand les hypersensibles vivent le grand amour,
Auteur Elaine Saveri, 2022

The Power of Emotional Agility (Édition Anglaise),
Auteur Davids Brene, 2023

Mon enfant, petit penseur, grand rêveur,
Auteur Saverio Petitcollin, 2023

"QR Code" à scanner vers la Maison d'Édition :

Concentre-toi en 21 jours

Comment se concentrer rapidement avec des techniques simples et efficaces pour améliorer sa productivité

James Tusco

YOU FIRST

ISBN : 979-838-7749-285

Imprimé à la demande par Amazon.

Table of Contents

Introduction

La concentration est l'un des éléments clés de la réussite personnelle et professionnelle. Elle permet de rester focalisé sur une tâche, de mieux comprendre les informations, de les mémoriser plus facilement et de produire un travail de qualité. Pourtant, dans notre monde actuel, nous sommes constamment sollicités par des distractions qui nous empêchent de nous concentrer sur ce qui est important. Les réseaux sociaux, les notifications de smartphone, les emails, la télévision, tout cela peut nous détourner de notre objectif initial et nous faire perdre un temps précieux.

Ce livre a pour objectif de vous aider à améliorer votre concentration, afin que vous puissiez atteindre vos objectifs personnels et professionnels. Ainsi, vous y découvrirez des conseils et des astuces simples pour améliorer votre capacité de concentration et apprendre à mieux gérer les distractions de la vie quotidienne. Nous aborderons également les différents aspects de l'hygiène de vie qui ont un impact direct sur votre concentration, tels que le sommeil, l'alimentation et l'exercice physique.

Vous apprendrez également comment entraîner votre cerveau à se concentrer, en utilisant des jeux et des exercices simples qui renforceront votre capacité à vous concentrer sur une tâche donnée. Nous vous donnerons des astuces pour mieux organiser votre travail et vos projets, afin de réduire le stress et les distractions. Enfin, nous aborderons les différentes techniques de méditation et de relaxation qui vous aideront à vous recentrer sur vous-même et à améliorer votre bien-être mental et physique.

Que vous soyez étudiant, professionnel ou simplement quelqu'un qui cherche à améliorer sa concentration dans la vie de tous les jours, ce livre est fait pour vous. Nous sommes convaincus que vous y trouverez des conseils pratiques et utiles pour vous aider à devenir davantage productif, efficace et concentré sur vos objectifs. Prêt à plonger dans ce voyage passionnant vers une meilleure concentration ? Alors, allons-y !

Semaine 1

COMPRENDRE LA CONCENTRATION

Chapitre 1

Comment fonctionne le cerveau lorsqu'on se concentre

Lorsque nous nous concentrons sur une tâche, notre cerveau utilise plusieurs régions pour traiter les informations. La concentration implique une coordination complexe de différentes régions du cerveau.

La première région clé est le cortex préfrontal, qui joue un rôle essentiel dans la capacité de contrôle et de planification des actions. En effet, cette région nous permet de définir nos objectifs, de planifier nos actions et de prendre des décisions. Elle est donc cruciale pour maintenir notre attention sur une tâche donnée.

Par exemple, lorsque nous planifions une tâche, le cortex préfrontal nous aide à définir les étapes nécessaires pour l'accomplir et à organiser ces étapes de manière logique et cohérente. Si nous avons besoin de nous concentrer sur cette tâche, le cortex préfrontal nous aide à bloquer les distractions et à garder notre attention sur l'objectif. Cependant, si cette région du cerveau est altérée par le stress, la fatigue ou d'autres facteurs, notre capacité de concentration peut en souffrir.

La deuxième région importante, le cortex pariétal, est l'une des régions du cerveau les plus complexes et est impliquée dans de nombreuses fonctions cognitives, notamment la perception spatiale ainsi que la prise de décision. Par exemple, si vous êtes en train de marcher dans une pièce sombre et que vous vous cognez contre un meuble, le cortex pariétal vous aide à comprendre l'emplacement du meuble par rapport à vous et à ajuster votre parcours pour l'éviter la prochaine fois.

Ce dernier est également impliqué dans la perception de soi et de l'espace environnant. Cela signifie qu'il joue un rôle important dans notre capacité à nous repérer dans l'espace et à naviguer dans notre environnement. Lorsque nous conduisons une voiture, le cortex pariétal est impliqué dans notre capacité à évaluer la distance entre les voitures, à calculer la vitesse et à effectuer des manœuvres pour éviter les obstacles. En somme, le cortex pariétal nous permet de comprendre notre environnement et de nous y adapter de manière efficace et appropriée.

Le thalamus est une région clé du cerveau, qui joue un rôle crucial dans le traitement de l'information sensorielle. Situé au centre du cerveau, le thalamus est souvent décrit comme un centre de relais, qui permet aux signaux sensoriels de passer de la périphérie du corps au cortex cérébral, où ils peuvent être interprétés et compris. Le thalamus reçoit des signaux sensoriels provenant de tous les sens - la vue, l'ouïe, le toucher, le goût et l'odorat - et les achemine vers les régions correspondantes du cortex cérébral. Mais il ne se contente pas de transmettre les signaux : il joue également un rôle crucial dans leur filtrage.

En effet, il est capable de filtrer les stimuli sensoriels non pertinents et de donner la priorité aux informations importantes. Ce processus de filtrage est essentiel pour la perception et la compréhension de notre environnement. Sans le thalamus, notre cerveau serait submergé par un flot constant de stimuli sensoriels, ce qui rendrait impossible toute forme de traitement de l'information.

Par exemple, imaginez que vous êtes en train de lire un livre dans une pièce calme. Soudain, vous entendez un bruit de fond - peut-être un ventilateur qui tourne ou une conversation dans une pièce voisine. Si le thalamus ne filtrait pas ce bruit de fond, celui-ci pourrait perturber votre lecture et rendre la compréhension du texte plus difficile. Mais grâce au filtrage du thalamus, vous êtes en mesure de donner la priorité à la tâche à laquelle vous vous consacrez - la lecture - et de la mener à bien sans être trop distrait par les stimuli non pertinents.

Enfin, l'amygdale est une petite région du cerveau située dans le lobe temporal. Elle est essentielle pour la régulation de nos émotions, notamment en ce qui concerne la peur et l'anxiété. Lorsque nous sommes confrontés à des stimuli qui déclenchent une réponse émotionnelle forte, l'amygdale peut devenir hyperactive, ce qui peut affecter notre capacité de concentration. Si vous êtes en train de travailler sur une tâche importante et que vous recevez une mauvaise nouvelle, cela peut provoquer une réponse émotionnelle qui perturbe votre concentration.

Cependant, il est important de noter que les émotions ne sont pas nécessairement négatives pour la concentration. Parfois, des émotions positives telles que la motivation et l'excitation peuvent améliorer la concentration en stimulant la libération de neurotransmetteurs, tels que la dopamine. Par conséquent, il est important de trouver un équilibre émotionnel pour améliorer la concentration.

Afin de gérer les émotions et améliorer la concentration, il est possible de pratiquer des techniques de gestion du stress comme la méditation, la respiration profonde et l'exercice physique régulier, que nous allons voir ensemble au sein de la partie 2 de ce livre. Ces techniques peuvent ainsi aider à réduire l'hyperactivité de l'amygdale et à renforcer le cortex préfrontal pour améliorer la régulation émotionnelle et la concentration.

Il est souvent dit que le cerveau n'est pas capable de faire deux choses en même temps, mais cela n'est pas tout à fait exact. En réalité, le cerveau est capable de switcher rapidement entre deux tâches différentes, mais il ne peut pas les réaliser simultanément. Lorsque nous pensons que nous sommes en train de faire deux choses en même temps, comme parler au téléphone tout en écrivant un e-mail, notre cerveau ne fait pas ces deux activités simultanément. Au lieu de cela, il alterne rapidement entre les deux tâches, en donnant la priorité à l'une ou l'autre en fonction de la situation. Ce processus de switch entre les tâches peut être rapide, mais il a un coût cognitif.

En effet, chaque fois que nous switchons entre les tâches, nous perdons un peu de temps et d'énergie à nous réorienter et à nous concentrer sur la nouvelle tâche. Par conséquent, cela peut avoir un impact négatif sur notre productivité et notre efficacité. De plus, certaines tâches nécessitent une attention soutenue et continue, et ne peuvent pas être interrompues sans conséquence. Par exemple, si vous conduisez une voiture sur une autoroute, vous ne pouvez pas switcher entre la conduite et la lecture d'un livre ou la réponse à un e-mail, sans risquer un accident.

Lorsque nous nous concentrons sur une tâche, ces différentes régions du cerveau travaillent en étroite collaboration pour nous permettre de traiter efficacement les informations sensorielles, de maintenir notre attention et de nous concentrer sur notre tâche. C'est pourquoi il est important de comprendre comment fonctionne notre cerveau lorsqu'on se concentre, afin de mieux gérer ces perturbations et d'améliorer notre capacité de concentration.

Lorsque j'étais plus jeune, je travaillais dans un open-space qui ressemblait plus à une ruche qu'à un bureau. Entre les sonneries du téléphone, les bavardages incessants de mes collègues et les notifications de mes applications, je me sentais souvent submergée et incapable de me concentrer sur mes tâches. Mais après avoir compris comment fonctionnait mon cerveau lorsqu'il se concentrait, j'avais enfin compris pourquoi j'étais plus productive en travaillant seule, loin de toute distraction. J'avais donc investi dans des bouchons d'oreilles, et j'avais réussi à trouver une alcôve isolée de l'open-space où je pouvais enfin me mettre en mode concentration. Et oui, même dans un open-space bruyant, il était possible de trouver la paix intérieure, ou du moins une illusion de celle-ci, grâce à quelques astuces !

Chapitre 2

Pourquoi améliorer votre concentration en 21 jours est réalisable

Améliorer sa concentration peut sembler une tâche difficile, mais il est important de savoir que cela peut être réalisé en un temps relativement court. En se fixant un objectif réaliste et en s'engageant à pratiquer régulièrement des exercices de concentration, il est en effet possible d'améliorer considérablement sa capacité de concentration en seulement 21 jours. Voici quelques raisons pour lesquelles cette amélioration est possible :

1. La plasticité cérébrale est une capacité importante du cerveau, permettant de s'adapter et de changer en fonction de l'environnement. Cela signifie que si vous vous entraînez régulièrement à vous concentrer, vous pouvez effectivement renforcer les régions clés du cerveau qui sont impliquées dans la

concentration et améliorer votre capacité à le faire. Cette plasticité cérébrale est possible grâce à la neuroplasticité, qui est la capacité du cerveau à créer de nouvelles connexions neuronales et à modifier les existantes en réponse à l'apprentissage ainsi qu'à l'expérience.

2. Lorsqu'on pratique une activité régulièrement, notre cerveau crée des connexions neuronales de plus en plus fortes, ce qui facilite la réalisation de cette activité avec le temps. C'est le principe de l'effet de l'habitude, qui s'applique également à l'amélioration de notre capacité de concentration. En pratiquant des exercices de concentration de manière régulière pendant 21 jours, nous renforçons ces connexions neuronales et favorisons l'émergence d'une habitude de concentration. Au fil des jours, nous pouvons constater une amélioration de cette capacité, ainsi que des effets positifs sur notre productivité et notre bien-être. Par exemple, si l'on décide de s'entraîner à la méditation pendant 21 jours, on peut constater que la concentration pendant les séances de méditation devient plus

facile à maintenir, mais également que cette dernière s'améliore dans la vie quotidienne. On peut ainsi se sentir plus calme et plus productif dans ses tâches.

3. L'importance de la motivation : Lorsqu'on se fixe un objectif clair et qu'on est motivé pour l'atteindre, on est plus enclin à travailler dur et à persévérer dans nos efforts. En se fixant l'objectif d'améliorer sa concentration en 21 jours, on peut trouver la motivation nécessaire pour persévérer et atteindre notre objectif.

Je me rappelle que j'avais du mal à me concentrer sur mes études. En effet, j'étais facilement distrait par les réseaux sociaux, les séries télévisées, bref, toutes les activités qui ne contribuaient pas vraiment à mon succès académique. Un jour, j'ai lu un livre qui parlait de l'importance de se fixer des objectifs clairs et de rester motivé pour les atteindre. Alors, j'ai décidé de mettre cette idée en pratique en me fixant un objectif : améliorer ma concentration en 21 jours.

J'ai commencé par établir un plan d'action, en incluant des exercices de méditation, des techniques de respiration et des sessions d'étude planifiées. Je me suis également fixé des mini-objectifs à atteindre chaque jour, pour me donner un sentiment de progression et de réussite. Au début, ce n'était pas facile, mais j'ai gardé en tête mon objectif et je me suis motivé à chaque étape du processus. Au fil des jours, j'ai constaté une amélioration significative de ma concentration et de ma productivité. Je me sentais plus en contrôle de mes actions et j'étais fier de mes progrès.

En fin de compte, en me fixant un objectif clair et en restant motivé, j'ai réussi à améliorer ma concentration. Cette expérience m'a appris l'importance de la motivation et de la persévérance pour atteindre ses objectifs.

Améliorer sa concentration en 21 jours est tout à fait réalisable. Il est vrai qu'en s'engageant à pratiquer régulièrement des exercices de concentration, à méditer et à établir de nouvelles habitudes, on peut entraîner notre cerveau à se concentrer plus efficacement et à maintenir cette concentration dans le temps.

Chapitre 3

Identifier les 7 obstacles à une bonne concentration

De nos jours, il peut être difficile de rester concentré sur une tâche donnée pendant une longue période. Les distractions sont partout, que ce soit les notifications sur nos téléphones, les réunions imprévues ou les discussions animées de nos collègues de travail. Pour améliorer sa concentration, il est important de comprendre les obstacles qui peuvent entraver notre capacité à nous concentrer efficacement. En identifiant les facteurs qui perturbent notre concentration, nous pouvons prendre les mesures nécessaires pour les gérer et les surmonter. Dans ce chapitre, nous explorerons les 7 obstacles les plus courants à une bonne concentration et les stratégies pour les surmonter.

1. Les distractions :

Les distractions sont l'un des principaux obstacles à une bonne concentration. Il peut s'agir de bruits, de mouvements ou même de pensées qui nous distraient de notre tâche principale. Pour éviter ces distractions, il est important de trouver un endroit calme où l'on peut se concentrer sans être dérangé.

Un jour, j'étais en train de travailler sur un important projet pour mon travail. J'allumais mon ordinateur, je sortais mes notes et je me préparais à me concentrer pleinement sur ma tâche. Cependant, j'étais constamment distraite. Mon téléphone sonnait toutes les cinq minutes, des bruits de voiture et de klaxon m'interrompaient, et je ne pouvais pas m'empêcher de penser aux tâches ménagères que je devais faire plus tard dans la journée. Je réalisais rapidement que j'avais besoin d'un endroit plus calme pour me concentrer. Je décidais alors de quitter mon appartement et de me rendre dans un parc à proximité. Je m'installais sur un banc sous un grand arbre, je sortais mon ordinateur et je commençais à travailler. J'ai immédiatement remarqué la différence. Il n'y avait pas de bruit pour me distraire et je pouvais me concentrer pleinement sur mon travail.

Depuis ce jour-là, j'ai compris l'importance de trouver un endroit calme pour travailler, sans être dérangé. Je cherchais alors des endroits tranquilles pour travailler, tels que des bibliothèques ou des cafés calmes, et je remarquais une amélioration significative de ma productivité.

2. Le manque de sommeil :

Le manque de sommeil est un fléau qui peut gravement affecter notre capacité à nous concentrer. En effet, lorsque nous ne dormons pas suffisamment, notre cerveau n'est pas en mesure de fonctionner à son meilleur niveau. Par conséquent, nos pensées sont embrouillées, notre mémoire est altérée et notre capacité à nous concentrer est grandement diminuée.

Cela peut avoir des conséquences dramatiques sur notre vie quotidienne, tant sur le plan professionnel que personnel. Au travail, nous pouvons commettre des erreurs, manquer de créativité et de productivité, ce qui peut nuire à notre carrière. Dans notre vie personnelle, nous pouvons manquer d'énergie et de motivation pour accomplir les tâches les plus simples, ce qui peut nuire à notre qualité de vie. Il est donc crucial de dormir suffisamment pour rester alerte et concentré.

Nous devons prendre soin de notre corps et de notre esprit en nous offrant une nuit de sommeil réparatrice chaque nuit. Ainsi, cela signifie que nous devons respecter un horaire de sommeil régulier, éviter les distractions comme les écrans avant de dormir et créer un environnement de sommeil confortable et apaisant.

3. Le stress :

Le stress peut également affecter votre concentration. Lorsque nous sommes stressés, notre cerveau est constamment en mode survie, ce qui peut nous distraire de notre tâche principale. Imaginez que vous êtes en train de faire vos courses dans un supermarché bondé de monde. Vous avez une longue liste de courses à faire et vous essayez de vous concentrer pour ne rien oublier. Mais malgré vos efforts, vous commencez à vous sentir de plus en plus stressé et distrait.

Soudain, vous entendez un cri strident derrière vous. Vous vous retournez et vous voyez un enfant qui pleure à chaudes larmes. Sa mère tente de le calmer, mais il est évident que quelque chose ne va pas. Tout autour de vous, les gens commencent à se regarder et à chuchoter entre eux.

Vous sentez votre propre anxiété monter en flèche. Vous avez envie de fuir, de vous éloigner de cette situation difficile. Pour faire face au stress, nous verrons plus tard dans le livre des techniques de relaxation.

4. Les émotions :

Les émotions, ces vagues qui nous submergent parfois, peuvent avoir un impact important sur notre concentration. Si nous sommes en colère, notre esprit est agité et nos pensées sont embrouillées. Si nous sommes tristes, notre cœur est lourd et nos yeux sont embués. Et si nous sommes anxieux, notre esprit est pris dans une tempête de soucis et d'incertitudes. Mais ne vous inquiétez pas, il y a une solution pour remédier à cela. Prenez le temps de reconnaître et de traiter vos émotions avant de vous mettre au travail. Prenez quelques minutes pour vous asseoir tranquillement et respirer profondément.

Fermez les yeux et laissez vos pensées s'envoler, comme des oiseaux qui s'envolent vers le ciel. Lorsque vous vous sentez prêt, prenez un stylo et un carnet, et écrivez vos émotions. Mettez-les sur papier, comme si vous les libérez de votre esprit et les confiez à une feuille blanche. Prenez le temps de réfléchir à ce qui vous rend triste, anxieux ou en colère. Explorez vos sentiments et vos pensées, sans jugement ni critique.

Ensuite, une fois que vous avez compris et traité vos émotions, vous pouvez vous mettre au travail en toute sérénité. Vous verrez, votre esprit sera plus clair, votre cœur sera plus léger et vos pensées seront plus concentrées. Et si jamais une vague d'émotions vous submerge à nouveau, n'oubliez pas que vous pouvez toujours prendre une pause pour vous reconnecter à vous-même et retrouver votre équilibre.

5. La fatigue mentale :

La fatigue mentale est un ennemi redoutable de notre concentration. Si nous avons travaillé pendant de longues heures sans interruption, notre cerveau peut devenir fatigué et incapable de se concentrer sur nos tâches. La fatigue mentale peut être causée par de nombreuses raisons, telles que le manque de sommeil, le stress, l'anxiété ou le travail intellectuel intense. Lorsque nous sommes fatigués mentalement, notre capacité de concentration diminue, notre vigilance baisse et nous sommes davantage susceptibles de faire des erreurs ou de prendre de mauvaises décisions. La fatigue mentale peut également avoir un impact négatif sur notre humeur et notre motivation. Nous pouvons nous sentir plus irritables, frustrés et démotivés lorsque nous ressentons cette fameuse fatigue, ce qui peut affecter notre capacité à rester concentrés sur nos tâches. De plus, elle peut entraîner des symptômes physiques tels que des maux de tête, des douleurs musculaires, une vision trouble ou des étourdissements, qui peuvent rendre la concentration encore plus compliquée.

Pour éviter cela, il est crucial de prendre des pauses régulières afin de permettre à notre cerveau de récupérer. Celles-ci peuvent être courtes, mais elles sont extrêmement importantes pour permettre à notre esprit de se reposer et de se ressourcer. Nous pouvons par exemple faire une courte promenade, prendre une tasse de thé ou tout simplement fermer les yeux et respirer profondément. En prenant régulièrement toutes les 50 minutes des pauses, nous donnons à notre cerveau le temps de se recharger et de se préparer pour les tâches à venir.

En permettant à notre esprit de se détendre et de s'évader de l'agitation de la journée, nous pouvons améliorer notre humeur et notre bien-être général. En fin de compte, il est important de prendre soin de notre cerveau autant que de notre corps. En prenant des pauses régulières et en permettant à notre esprit de récupérer, nous pouvons maintenir notre concentration et notre efficacité, tout en préservant notre santé mentale et physique.

6. La procrastination :

La procrastination, ce fléau qui nous empêche d'avancer ! Combien de fois ai-je repoussé mes tâches à plus tard, en me disant que j'aurai plus de temps demain ou même après-demain ! Mais en réalité, cette attitude m'a toujours mis dans l'embarras. Alors, pour vaincre cette tendance à tout remettre à plus tard, j'ai commencé à planifier mon temps de manière stricte. J'ai créé un calendrier avec des échéances précises pour chaque tâche et je me suis tenu à ce calendrier comme un militaire à son régiment. Je me suis rendu compte que lorsque je savais exactement ce que j'avais à faire et quand je devais le faire, il était beaucoup plus facile de se concentrer sur la tâche à accomplir.

De plus, pour rendre cette planification plus concrète, j'ai créé une liste de contrôle pour chaque projet. J'ai énuméré toutes les étapes nécessaires pour accomplir chaque tâche et je les ai cochées une par une au fur et à mesure que je les accomplissais. Cela m'a aidé à rester organisé et à garder le contrôle sur mes projets. Enfin, j'ai bloqué toutes les distractions possibles qui pouvaient m'empêcher de me concentrer. J'ai installé une application qui me permettait de bloquer les sites web et les réseaux sociaux qui me distraient, puis j'ai établi des heures spécifiques pour répondre aux appels et aux courriels. Et bien sûr, j'ai évité de procrastiner en me fixant des échéances claires et en m'y tenant. Attention cependant à ne pas tomber dans l'extrême rigueur et la prise de tête mentale ! Planifier son temps et suivre une liste de contrôle est une chose, mais se stresser à l'idée de ne pas accomplir chaque tâche à la minute près est une autre histoire.

Souvenez-vous que le but de la planification est de vous aider à vous concentrer et à être plus productif, pas de vous donner des crises d'angoisse. Alors, si vous avez besoin de prendre une pause pour vous détendre ou si vous avez besoin de plus de temps pour une tâche spécifique, ne vous en faites pas trop. Rappelez-vous simplement de revenir sur votre liste de contrôle et de retrouver le fil de vos projets.

N'oubliez pas que la vie est faite de hauts et de bas, et que la procrastination peut parfois s'infiltrer dans nos vies malgré nos meilleures intentions. Si cela se produit, ne paniquez pas, il suffit de reprendre le contrôle et de continuer à avancer. Et surtout, gardez le sourire ! Après tout, le but ultime de tout ce travail est de se sentir fier de soi et d'accomplir de grandes choses, alors profitez du processus.

7. Les interruptions :

Les interruptions sont un autre obstacle à une bonne concentration. Il peut s'agir d'un collègue qui nous interrompt pour nous poser une question, d'un appel téléphonique ou même d'un e-mail. Pour éviter ces interruptions, il est important de fermer les portes, de mettre son téléphone en mode silencieux et de planifier des heures spécifiques pour répondre aux e-mails.

En identifiant ces 7 obstacles à une bonne concentration, nous pouvons prendre des mesures pour les éviter et améliorer notre capacité à nous concentrer pleinement. Que ce soit en trouvant un endroit calme pour travailler, en prenant des pauses régulières ou en planifiant notre temps de manière efficace, nous pouvons tous améliorer notre capacité à nous concentrer et à être davantage productifs.

Chapitre 4

Apprendre à reconnaître les signaux de distraction

Lorsque nous cherchons à nous concentrer sur une tâche, il est facile d'être distrait par les nombreuses stimulations qui nous entourent. Les notifications de nos téléphones, les conversations de nos collègues, les bruits de la rue, les mouvements à l'extérieur de la fenêtre et même nos propres pensées peuvent nous distraire de notre objectif principal.

Pour éviter ces distractions, il est important d'apprendre à reconnaître les signaux de distraction. Ces derniers peuvent varier d'une personne à l'autre, mais il est important de les identifier et de les prendre en compte lors de nos tentatives de concentration.

Les bruits : Les bruits environnants peuvent distraire et interrompre la concentration. Il est important d'identifier les bruits perturbateurs afin de les éliminer ou les réduire autant que possible. Les bruits qui peuvent distraire incluent des sons de la nature, des conversations bruyantes, des bruits de voitures ou de machines.

Les mouvements :

Les mouvements, tels que des personnes qui se déplacent autour de vous ou qui bougent beaucoup, peuvent également être une source de distraction. Il est important de reconnaître ces mouvements et de trouver un moyen de les minimiser, en se déplaçant vers un endroit moins perturbateur.

Les pensées :

Les pensées et les préoccupations personnelles peuvent également être une source de distraction. Il est important de reconnaître les pensées qui vous empêchent de vous concentrer et de trouver un moyen de les traiter, comme en écrivant dans un journal ou en discutant de vos préoccupations avec un ami ou un professionnel de la santé mentale.

Les interruptions externes : Les interruptions externes, comme les appels téléphoniques, les emails ou les messages, peuvent également distraire et interrompre la concentration. Il est important de désactiver ces notifications ou de les limiter autant que possible. Par exemple, certaines personnes peuvent être facilement distraites par des bruits forts, tandis que d'autres peuvent être perturbées par des mouvements visuels. Pour certaines personnes, des pensées anxieuses ou négatives peuvent également être une source de distraction importante.

Les appareils électroniques :

Les appareils électroniques, comme les téléphones portables ou les ordinateurs, peuvent également distraire et interrompre la concentration. Il est important de limiter l'utilisation de ces appareils pendant les périodes de concentration et de désactiver les notifications et les alertes pouvant être perturbatrices.

- Établissez des limites claires

La première étape pour limiter l'utilisation des appareils électroniques est d'établir des limites claires. Par exemple, vous pouvez décider de ne pas utiliser votre téléphone portable pendant les heures de travail ou d'étude, ou de ne pas l'allumer avant une certaine heure le matin. En établissant ces limites, vous vous donnez un cadre clair pour vous concentrer sur la tâche à accomplir.

- Désactivez les notifications et les alertes :

Les notifications et les alertes sont des fonctionnalités pratiques pour rester connecté à l'actualité et aux messages importants. Cependant, ils peuvent également être extrêmement perturbateurs lorsque vous essayez de vous concentrer. Pour éviter ces distractions, désactivez toutes les notifications et les alertes qui ne sont pas essentielles pour votre travail ou vos études. Si vous avez besoin d'être joignable pour des raisons professionnelles ou personnelles, réglez votre téléphone en mode silencieux et consultez vos messages et vos appels à des moments précis.

- Utilisez des applications pour gérer votre temps d'écran :

Il existe aujourd'hui de nombreuses applications qui vous aident à gérer votre temps d'écran et à limiter votre utilisation des appareils électroniques. Ces applications vous permettent de définir des objectifs de temps d'utilisation quotidien, de suivre votre temps d'écran et de vous alerter lorsque vous atteignez vos limites. Certaines applications vous permettent même de bloquer l'accès à certaines applications ou sites web pendant des périodes spécifiques de la journée.

- Utilisez des alternatives sans écran :

Lorsque vous avez besoin d'une pause ou que vous souhaitez vous divertir sans utiliser d'appareils électroniques, pensez à des alternatives sans écran. Par exemple, vous pouvez faire une promenade à l'extérieur, lire un livre, jouer à un jeu de société ou simplement prendre le temps de discuter avec vos proches. Ces activités non-électroniques peuvent être très bénéfiques pour votre concentration et votre bien-être général.

En apprenant à reconnaître ces signaux de distraction, nous pouvons commencer à élaborer des stratégies pour y faire face.

Il est également important de se rappeler que la concentration est un muscle qui peut être développé avec le temps et la pratique. Plus nous nous entraînons à nous concentrer sur une tâche spécifique, plus notre capacité à ignorer les distractions devient forte.

En fin de compte, il est crucial de reconnaître les signaux de distraction pour pouvoir y faire face efficacement et maintenir notre concentration sur nos tâches. En pratiquant régulièrement et en mettant en place des stratégies efficaces, nous pouvons atteindre ces objectifs.

Semaine 2

TECHNIQUES POUR AMÉLIORER LA CONCENTRATION

Chapitre 1

La méditation pour entraîner l'esprit à rester concentré

La méditation est une pratique ancienne devenue de plus en plus populaire dans le monde moderne. Non seulement elle peut aider à réduire le stress et l'anxiété, mais elle peut également être un outil précieux afin d'améliorer la concentration et la productivité. La méditation consiste en une série d'exercices mentaux visant à amener l'esprit à un état de calme et de concentration. D'ailleurs, il existe plusieurs types de méditation, mais l'un des plus courants est la méditation de pleine conscience. En effet, cette pratique implique de se concentrer sur le moment présent et d'être attentif à ses pensées, ses sensations corporelles ainsi que son environnement immédiat.

L'entraînement à la méditation peut aider à renforcer la capacité de l'esprit à se concentrer et à rester attentif aux tâches importantes. Des études ont montré que la méditation régulière peut améliorer la fonction cognitive, notamment en augmentant la capacité de l'esprit à rester concentré sur une tâche donnée pendant de plus longues périodes de temps.

Voici quelques techniques de méditation qui peuvent vous aider à entraîner votre esprit à rester concentré :

- Méditation de visualisation

C'est la méditation la plus puissante pour visualiser ses objectifs et son futur, car on n'attend pas de façon passive son futur, on le crée en commençant par le visualiser.

Tout d'abord, choisissez un objectif spécifique que vous souhaitez visualiser, comme un voyage, un nouvel emploi ou une relation amoureuse. Fermez les yeux et imaginez-vous dans l'endroit où vous voulez être, en utilisant tous vos sens pour créer une image détaillée dans votre esprit.

Ensuite, fixez-vous un défi pour la méditation : comptez tous les objets bleus que vous voyez dans votre image mentale. Cela vous aidera à rester concentré et à vous plonger davantage dans l'expérience de visualisation. Durant plusieurs minutes, restez concentré sur votre image mentale et comptez chaque objet bleu que vous voyez. Essayez de trouver des objets que vous n'aviez pas remarqués au début de la méditation, et essayez de vous rappeler chaque détail de votre environnement imaginaire.

À la fin de la méditation, notez le nombre d'objets bleus que vous avez comptés et comparez-le avec les nombres que vous avez obtenus lors de méditations précédentes. Vous verrez peut-être une amélioration de votre concentration et de votre capacité à visualiser clairement vos objectifs.

- Méditation de mouvement

La méditation de mouvement implique de combiner la méditation avec une activité physique douce, comme le yoga ou la marche. Pendant que vous pratiquez votre activité physique, restez attentif à chaque mouvement de votre corps, en vous concentrant sur la respiration et en restant conscient de vos pensées ainsi que de vos sensations corporelles. Voici quelques étapes pour pratiquer la méditation de mouvement :

1. Choisissez une activité physique douce qui convient à votre niveau de forme physique. Le yoga, la marche ou le tai-chi sont des activités courantes pour la méditation de mouvement.

2. Commencez à pratiquer votre activité physique en étant attentif à chaque mouvement de votre corps. Concentrez-vous sur votre respiration et restez conscient de vos pensées et de vos sensations corporelles.

3. Lorsque vous pratiquez la méditation de mouvement, évitez de vous laisser distraire par des pensées ou des préoccupations. Si votre esprit commence à s'égarer, ramenez doucement votre attention à votre respiration et à chaque mouvement de votre corps.

4. Pratiquez la méditation de mouvement régulièrement, en vous accordant au moins 10 à 15 minutes par jour pour cette pratique.

- Méditation de pleine conscience

C’est celle que je recommande le plus. La méditation en pleine conscience est l'une des formes de méditation les plus courantes et efficaces pour améliorer la concentration. Cette technique implique de se concentrer sur l'instant présent et d'être attentif à ses pensées, ses émotions et son environnement immédiat. Voici quelques étapes concrètes pour pratiquer la méditation en pleine conscience :

1. Trouvez un endroit calme et confortable pour vous asseoir, dans lequel vous ne serez pas dérangé. Asseyez-vous avec le dos droit, les pieds posés à plat sur le sol et les mains posées sur les genoux.

2. Fermez les yeux et concentrez-vous sur votre respiration. Prenez quelques respirations profondes et régulières pour vous détendre.

3. Commencez à observer votre respiration, sans essayer de la contrôler. Concentrez-vous sur le mouvement de l'air dans et hors de vos poumons, en ressentant les sensations dans votre corps.

4. Lorsque vous remarquez que votre esprit commence à s'égarer, par exemple en pensant à

des soucis, des projets à venir ou des tâches à accomplir, ramenez doucement votre attention à votre respiration.

5. Essayez de maintenir votre concentration sur votre respiration pendant plusieurs minutes. Si votre esprit s'égare à nouveau, répétez le processus en ramenant doucement votre attention à votre respiration.
6. Pratiquez la méditation en pleine conscience régulièrement, en commençant par des sessions courtes de cinq à dix minutes, puis en augmentant progressivement la durée de celles-ci.

La méditation peut être un outil puissant pour entraîner votre esprit à rester concentré et attentif aux tâches importantes. Essayez de pratiquer la méditation régulièrement en utilisant l'une de ces techniques, et vous pourriez constater une amélioration significative de votre capacité à vous concentrer et à rester productif tout au long de la journée.

Chapitre 2

L'exercice physique pour améliorer la concentration

L'exercice physique est une activité qui présente de nombreux bienfaits pour la santé physique et mentale. En plus de renforcer les muscles et les os, l'exercice peut également améliorer la concentration et la capacité à se concentrer. Au sein de ce chapitre, nous allons explorer les avantages de l'exercice physique pour la concentration et quelques astuces pour intégrer l'exercice à votre routine quotidienne.

Comment l'exercice améliore-t-il la concentration ?

L'exercice physique améliore la concentration de plusieurs manières. Lorsque vous faites de l'exercice, votre corps augmente le flux sanguin vers le cerveau, ce qui permet à celui-ci de recevoir plus d'oxygène et de nutriments. Cela aide à renforcer les fonctions cognitives du cerveau, notamment la mémoire, la concentration et l'attention.

Le sport stimule la production d'hormones telles que l'adrénaline et l'endorphine, qui peuvent réduire le stress et améliorer l'humeur. Cela peut aider à réduire les distractions mentales et à améliorer la capacité du cerveau à se concentrer sur une tâche donnée. Un exemple est celui du philosophe grec Aristote, qui a souvent marché en faisant les cents pas ou des balades dans la nature, tout en enseignant à ses élèves. Il croyait que l'exercice physique était essentiel pour la santé mentale et physique, et qu'il pouvait stimuler la concentration et la créativité.

En effet, cela montre que l'exercice physique a été utilisé par des génies dans le but d'améliorer leur concentration et leur créativité. Aujourd'hui, de nombreuses études scientifiques ont confirmé ces croyances, en montrant que l'exercice physique régulier peut augmenter le flux sanguin vers le cerveau, améliorer la production d'hormones et augmenter la production de cellules cérébrales. Ainsi, tout cela peut aider à renforcer la concentration, la mémoire et l'attention. De plus, non seulement cela aide à améliorer la concentration à court terme, mais également à renforcer les capacités cognitives à long terme. L'exercice physique est une méthode naturelle et efficace pour améliorer la concentration et la fonction cognitive.

Astuces pour intégrer l'exercice physique à votre routine quotidienne

Il peut être difficile de trouver le temps et la motivation pour faire de l'exercice régulièrement, surtout si vous avez un horaire chargé.

Voici quelques astuces pour intégrer l'exercice physique à votre routine quotidienne et améliorer votre concentration :

Faites de l'exercice dès le matin : L'exercice physique dès le matin peut aider à stimuler votre cerveau et à augmenter votre énergie pour la journée.

- Commencez par vous réveiller 15 à 20 minutes plus tôt que d'habitude pour avoir le temps de faire de l'exercice.

- Étirez-vous doucement pendant quelques minutes pour réveiller vos muscles et éviter les blessures. Vous pouvez faire des étirements simples, comme des rotations des bras et des jambes.

- Il existe de nombreux exercices cardiovasculaires qui peuvent être à la fois ludiques et efficaces pour stimuler votre circulation sanguine et augmenter votre énergie. En voici quelques-uns :

  La corde à sauter : simple et amusante, la corde à sauter est un excellent exercice cardiovasculaire qui peut brûler beaucoup de calories en peu de temps.

  Le vélo d'appartement : si vous préférez vous entraîner à l'intérieur, le vélo d'appartement peut être une option ludique pour l'exercice cardiovasculaire, avec des programmes préétablis et des vidéos motivantes.

  Le HIIT (High Intensity Interval Training) : en alternant des périodes d'effort intense avec des périodes de récupération, le HIIT peut être un exercice cardiovasculaire efficace et stimulant.

La natation : nager dans une piscine ou dans la mer peut être un exercice cardiovasculaire rafraîchissant et agréable lors de journées chaudes.

La course à pied : si vous préférez une activité plus simple, la course à pied est un excellent exercice cardiovasculaire qui peut être pratiqué n'importe où et à tout moment.

- Faites une séance de yoga ou de Pilates pour étirer et renforcer votre corps. Vous pouvez trouver des séances en ligne ou utiliser une application de yoga.
- Prenez une douche froide pour vous rafraîchir et vous préparer pour la journée.

Faites de l'exercice pendant vos pauses : Si vous travaillez dans un bureau, essayez de faire de l'exercice pendant vos pauses. J'ai essayé de prendre des pauses régulières pour me détendre et me dégourdir les jambes, mais j'avais toujours du mal à sortir de mon bureau. Jusqu'au jour où j'ai eu une idée brillante : faire de l'exercice pendant mes pauses ! Je suis allée faire une promenade rapide à l'extérieur, et j'ai immédiatement ressenti une différence. Mes muscles se sont réveillés, mon cerveau s'est stimulé et j'ai retrouvé une meilleure concentration. Mais ce n'était pas suffisant, j'avais besoin de quelque chose de plus intense. C'est ainsi que j'ai commencé à faire des étirements et des mouvements de yoga pendant mes pauses. Au début, j'ai été un peu gênée de faire des postures bizarres en public, mais je me suis vite rendu compte que cela m'aidait à me sentir mieux et à être plus productive.

Je me suis même retrouvée à entraîner certains de mes collègues à faire de l'exercice avec moi pendant nos pauses. Nous avions un groupe d'employés de bureau dynamique et énergique, qui se soutenaient mutuellement pour rester en forme et concentrés. C'était vraiment génial de voir comment notre petit groupe avait grandi, et comment nous avions tous commencé à prendre soin de notre santé physique et mentale. Qui aurait pensé que l'exercice physique pourrait améliorer mon travail de bureau ? Certainement pas moi !

Intégrez l'exercice dans vos activités quotidiennes : Vous n'avez pas besoin d'aller à la salle de sport pour faire de l'exercice. Essayez de marcher ou de faire du vélo pour vous rendre au travail ou aux courses, ou bien faites des tâches ménagères qui impliquent de l'exercice, comme tondre la pelouse ou nettoyer la maison.

Trouvez un partenaire d'exercice : Trouvez un ami ou un collègue avec qui faire de l'exercice régulièrement. Non seulement cela peut vous aider à rester motivé, mais cela peut également être une occasion de socialiser et de renforcer les liens.

En conclusion, l'exercice physique peut être un moyen efficace d'améliorer la concentration et la capacité à se concentrer sur une tâche donnée. De ce fait, en intégrant l'exercice à votre routine quotidienne, vous pouvez stimuler votre cerveau, réduire le stress et améliorer votre bien-être général.

Chapitre 3

La musique, une stimulation douce et agréable

La musique est un moyen agréable et efficace de stimuler notre cerveau et d'améliorer notre concentration. Au XVIe siècle, le philosophe anglais Francis Bacon a découvert que la musique pouvait avoir des effets bénéfiques sur le cerveau humain. En effet, il a observé que la musique pouvait aider à améliorer la concentration et la mémoire, et qu'elle pouvait même être utilisée comme thérapie pour traiter certaines maladies mentales. Lorsque nous écoutons de la musique, notre cerveau libère de la dopamine, un neurotransmetteur qui nous fait ressentir du plaisir et du bonheur. Cela peut nous aider à nous concentrer sur nos tâches et à améliorer notre humeur, ce qui peut avoir un impact positif sur notre productivité.

En outre, la musique peut aider à réduire le stress et l'anxiété, ce qui peut être bénéfique pour ceux qui ont du mal à se concentrer en raison de ces facteurs. Elle peut également aider à améliorer la qualité de notre sommeil, ce qui peut avoir un effet positif sur notre concentration ainsi que notre productivité le lendemain.

Cependant, il est important de choisir le bon type de musique pour améliorer notre concentration. D'ailleurs, des études ont montré que la musique avec des paroles peut être distrayante, car notre cerveau traite à la fois les paroles et la tâche à accomplir. Il est donc recommandé d'écouter de la musique instrumentale ou de la musique avec des paroles dans une langue que vous ne comprenez pas, afin d'éviter les distractions.

La musique peut être une stimulation douce et agréable pour améliorer notre concentration et notre productivité. En choisissant le bon type de musique et en ajustant le volume, nous pouvons utiliser cette méthode pour nous aider à accomplir nos tâches avec davantage d'efficacité et de plaisir. Il existe de nombreuses études récentes sur les effets de la musique sur le cerveau, dont une, menée par des chercheurs de l'Université de Helsinki en Finlande, qui a examiné l'effet de la musique sur la créativité.

Les chercheurs ont recruté des participants et les ont divisés en deux groupes : un groupe écoutait de la musique avant de réaliser une tâche de créativité, tandis que l'autre effectuait la même tâche de créativité, sans écouter de musique. Les résultats ont montré que le groupe qui avait écouté de la musique avait obtenu des scores de créativité significativement plus élevés que le groupe qui n'avait pas écouté de musique. Mais ce qui est encore plus intéressant, c'est que les chercheurs ont découvert que le genre musical avait un impact sur les résultats de la créativité. Les participants qui ont écouté de la musique classique ont obtenu des scores de créativité plus élevés que ceux qui ont écouté de la musique pop.

Il est essentiel de choisir la bonne musique pour améliorer sa concentration pendant le travail. Les playlists "Lo-fi" sur des applications comme Spotify ou Deezer sont particulièrement recommandées. Ces musiques à très faible intensité BPM (*battement par minute*) sont idéales pour calmer l'esprit et rester concentré. Cela peut être plusieurs styles comme "Hip-Hop" "Study" "Zen" "relax" "sleep" et ma préférée, c'est "Lo-fi fruits Music". Toutefois, il est crucial de veiller à régler le volume de la musique de manière à ne pas perturber sa concentration. Par conséquent, je recommande un volume entre 2 et 6% du volume total, en évitant de dépasser 10%. En trouvant le bon équilibre entre la stimulation musicale et la nécessité de rester concentré sur sa tâche, vous pourrez améliorer considérablement votre productivité et vos performances au travail.

Par ailleurs, il faut souligner que les effets de la musique peuvent varier d'une personne à l'autre. Certaines personnes peuvent trouver que la musique les distrait, tandis que d'autres peuvent trouver qu'elle les aide à se concentrer. Il est donc important de tester différentes méthodes pour trouver ce qui fonctionne le mieux pour vous. Si vous trouvez que la musique vous aide à vous concentrer, il existe des playlists spécialement conçues pour la concentration et la productivité. De nombreux services de streaming musical proposent des playlists instrumentales ou ambiantes dans le but de vous aider à vous concentrer sur vos tâches.

En conclusion, la musique peut être un outil puissant pour améliorer notre concentration, notre créativité ainsi que notre productivité. En choisissant le bon type de musique et en ajustant le volume, nous pouvons utiliser cette méthode pour nous aider à accomplir nos tâches avec plus d'efficacité et de plaisir. Alors, pourquoi ne pas essayer d'écouter de la musique la prochaine fois que vous avez besoin de vous concentrer sur une tâche ? Vous pourriez être surpris des résultats !

Chapitre 4

L'importance du sommeil pour une concentration optimale

Le sommeil est l'un des éléments les plus importants pour maintenir une concentration optimale tout au long de la journée. En effet, le sommeil aide à restaurer l'énergie et à renforcer la fonction cognitive du cerveau.

Lorsque nous dormons, notre cerveau traite les informations que nous avons reçues tout au long de la journée et renforce les connexions neuronales importantes pour la mémoire et la concentration. De plus, un sommeil suffisant aide à réduire le stress et l'anxiété, ce qui peut nuire à la concentration. En revanche, le manque de sommeil peut avoir des effets négatifs sur la concentration et la capacité à se concentrer. De plus, des études ont montré que le manque de sommeil peut entraîner des troubles de l'humeur, une faible productivité et une baisse de la vigilance.

Pour améliorer votre concentration, il est important de dormir suffisamment chaque nuit. La plupart des adultes ont besoin de 7 à 8 heures de sommeil par nuit pour être en bonne santé et performant. Essayez d'établir une routine de sommeil régulière en vous couchant et en vous levant à des heures fixes chaque jour. Évitez également les écrans de télévision et les appareils électroniques 2 heures avant de vous coucher, car ils peuvent perturber votre sommeil.

Sleep Cycle est une application de suivi de sommeil pour les appareils mobiles qui utilise l'accéléromètre de votre téléphone pour mesurer vos mouvements pendant la nuit et déterminer les cycles de sommeil. Le sommeil se compose de plusieurs cycles, chacun durant environ 90 minutes, soit 1 heure 30. Chaque cycle se compose de différentes phases, notamment la phase de sommeil léger, la phase de sommeil profond et la phase de sommeil paradoxal ou REM (mouvements oculaires rapides). Ces cycles sont importants, car ils permettent à notre corps de se reposer et de récupérer physiquement et mentalement. L'application utilise une alarme intelligente qui détecte le moment le plus propice pour vous réveiller pendant la phase de sommeil léger, afin que vous vous sentiez plus reposé et énergique. Elle analyse également vos habitudes de sommeil, y compris la durée et la qualité de votre sommeil, pour vous fournir des informations précieuses sur votre sommeil et pour vous aider à améliorer votre sommeil.

En utilisant cette application régulièrement, vous pouvez mieux comprendre vos cycles de sommeil et comment vous pouvez améliorer la qualité de votre sommeil. Il peut également vous aider à établir une routine de sommeil plus régulière, ce qui peut améliorer votre santé globale et votre bien-être.

Les couvertures lestées ont récemment gagné en popularité en tant que solution pour améliorer le sommeil. Voici quelques arguments. qui justifient l'utilisation de ces couvertures et qui vont attiser votre curiosité :

- Favorise la relaxation : Les couvertures lestées appliquent une pression douce et uniforme sur le corps, ce qui peut aider à réduire le niveau de cortisol, une hormone du stress, et favoriser la relaxation.

- Augmente la production de sérotonine : La pression exercée par les couvertures lestées peut également stimuler la production de sérotonine, une hormone qui régule l'humeur et favorise la relaxation.

- Réduit l'anxiété et améliore le sommeil : Des études ont montré que l'utilisation de couvertures lestées peut aider à réduire l'anxiété et à améliorer la qualité du sommeil, en particulier chez les personnes atteintes de troubles de l'anxiété et du sommeil.

- Améliore le focus et la concentration : En aidant à réduire l'anxiété et à améliorer la qualité du sommeil, les couvertures lestées peuvent également aider à améliorer la concentration et la capacité à se concentrer tout au long de la journée.

- Régule la température corporelle : Les couvertures lestées sont souvent fabriquées à partir de matériaux respirants qui régulent la température corporelle, ce qui peut aider à améliorer le sommeil en favorisant une température confortable.

Les couvertures lestées peuvent être un outil utile pour améliorer la qualité du sommeil, réduire l'anxiété et améliorer la concentration. Toutefois, il est préférable de choisir une couverture de qualité et de l'utiliser correctement pour maximiser ses avantages.

Il existe d'autres méthodes pour améliorer la qualité de notre sommeil. L'une de ces méthodes est de prendre une douche froide avant de se coucher. Des études ont montré que les douches froides peuvent aider à réguler la température corporelle et à réduire le niveau de cortisol, une hormone du stress. Cela peut aider à favoriser la relaxation et à améliorer la qualité du sommeil. Les douches froides peuvent également stimuler la production de mélatonine, une hormone qui régule le rythme circadien et favorise le sommeil.

Néanmoins, il convient d'éviter de prendre une douche froide juste avant de dormir si cela perturbe votre sommeil. Certaines personnes préfèrent prendre une douche chaude pour se détendre avant de se coucher, et cela peut également aider à améliorer la qualité du sommeil.

Avant d'aller dormir, il est possible de mettre à profit la puissance de notre subconscient pour résoudre les problèmes qui nous préoccupent. Si vous rencontrez des difficultés que vous ne parvenez pas à surmonter, je vous recommande d'utiliser cette astuce éprouvée que m'a enseignée mon père. Juste avant de vous coucher, pensez à votre problème en laissant de côté l'anxiété et le stress qu'il peut engendrer. Concentrez-vous sur les solutions possibles, sans chercher à les mettre en pratique immédiatement. En laissant votre subconscient travailler dessus pendant la nuit, vous pouvez être sûr que des idées émergeront, qui vous permettront de trouver la solution à votre problème. Cette méthode est efficace pour tous les types de problèmes, qu'ils soient liés au travail ou à votre vie personnelle. En dormant environ 8 heures, soit l'équivalent d'une journée de travail, votre subconscient aura le temps de travailler sur votre problème, de manière à ce que vous trouviez une solution le lendemain. Je vous invite à essayer cette méthode pendant une semaine et vous verrez que les résultats seront étonnants.

En fin de compte, l'objectif est de trouver les méthodes qui fonctionnent le mieux pour vous et votre corps. Que ce soit en prenant une douche froide ou chaude, en pratiquant la méditation ou en faisant de l'exercice régulièrement, il existe de nombreuses méthodes pour améliorer la qualité de notre sommeil.

Le sommeil est un élément clé pour maintenir une concentration optimale. En dormant suffisamment chaque nuit et en établissant une routine de sommeil régulière, vous pouvez aider à renforcer la fonction cognitive de votre cerveau et à améliorer votre concentration tout au long de la journée.

Chapitre 5

La technique "Pomodoro" pour se concentrer pendant de courtes périodes

La technique Pomodoro est une méthode populaire pour améliorer la concentration et la productivité. Elle consiste à se concentrer sur une tâche donnée pendant une période de 25 minutes, suivie d'une courte pause de 5 minutes. Cette méthode est basée sur le principe que des périodes de concentration courtes et intenses peuvent aider à maintenir l'attention et à éviter la procrastination.

La technique Pomodoro peut être utilisée pour presque toutes les tâches, qu'il s'agisse de travail, d'étude ou de loisirs. Pour commencer, il suffit de suivre ces étapes simples :

1. Choisissez une tâche à accomplir : Pour cet exemple, nous allons prendre la rédaction d'un article de 1000 mots.

2. Définissez une minuterie pour 25 minutes : Vous pouvez utiliser une minuterie sur votre téléphone portable ou un minuteur traditionnel. Il est important de se rappeler que pendant ces 25 minutes, vous devez vous concentrer uniquement sur la tâche choisie. Éteignez toutes les notifications sur votre téléphone ou sur votre ordinateur pour ne pas être interrompu pendant cette période.

3. Travaillez sur la tâche jusqu'à ce que la minuterie sonne : Pendant ces 25 minutes, vous devez vous concentrer sur la rédaction de votre article. N'hésitez pas à mettre des écouteurs et écouter de la musique douce pour vous aider à vous concentrer. Évitez les distractions et ne vous laissez pas tenter par d'autres tâches.

4. Prenez une pause de 5 minutes : Après les 25 minutes, prenez une pause de 5 minutes pour vous détendre. Vous pouvez vous étirer, vous promener, boire un verre d'eau ou simplement vous asseoir et vous reposer. Évitez de regarder des vidéos ou de vous perdre sur les réseaux

sociaux, car cela peut perturber votre concentration.

AMÉLIORER SON ÉFFICACITÉ POMODOO

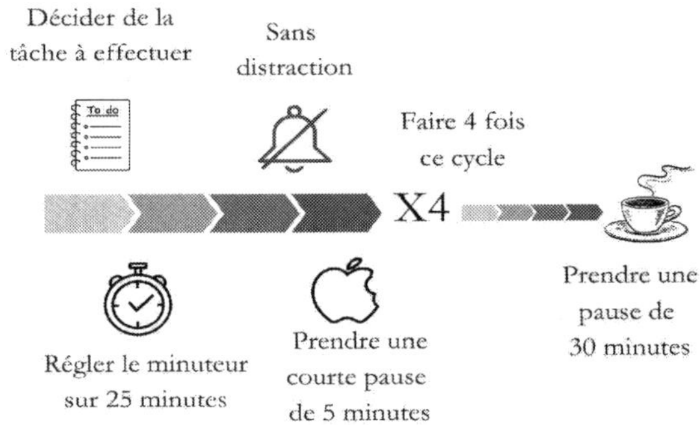

5. Répétez le cycle quatre fois, puis prenez une pause plus longue (environ 20 à 30 minutes) : Répétez ce cycle quatre fois pour atteindre 2 heures de travail productif. Après cela, prenez une pause plus longue pour vous reposer. Vous pouvez faire une promenade plus longue, manger un repas sain ou faire une courte sieste pour vous ressourcer.

Voici un tableau pour mieux comprendre et assimiler cette technique :

Pour rendre cette technique plus ludique et amusante, voici deux idées d'exercices et de jeux à essayer :

- Exercice de respiration : Avant de commencer chaque cycle de 25 minutes, prenez quelques instants pour vous concentrer sur votre respiration. Prenez de grandes inspirations et expirez lentement afin de vous calmer et vous concentrer. En faisant cet exercice régulièrement, vous allez améliorer votre capacité de concentration et de relaxation.

- Jeu de mémoire : Pendant vos pauses de 5 minutes, jouez à un petit jeu de mémoire. Mémorisez une liste de mots, de chiffres ou d'images, puis essayez de vous rappeler autant de détails que possible lorsque la pause est terminée. Cet exercice stimulera votre cerveau et vous aidera à améliorer votre mémoire à court terme.

En combinant ces exercices avec la technique Pomodoro, vous allez optimiser votre temps et améliorer votre concentration de manière significative.

La technique Pomodoro peut aider à maintenir l'attention et à éviter la procrastination, en décomposant une tâche en blocs de temps gérables. Elle peut également aider à réduire le stress et la fatigue mentale en évitant de se concentrer sur une tâche pendant de longues périodes.

Je me souviens encore de cette période de ma vie où je me suis lancé dans l'apprentissage d'une nouvelle langue pour pouvoir travailler à l'étranger. C'était une aventure excitante, mais aussi un défi de taille, car je ne connaissais pas la langue locale. J'ai alors décidé de mettre toutes les chances de mon côté en utilisant la méthode Pomodoro. Pendant 30 jours, j'ai travaillé d'arrache-pied, en utilisant cette technique qui m'a permis de rester concentré et motivé malgré les difficultés rencontrées. J'ai encore en mémoire la sensation de fierté que j'ai ressentie lorsque j'ai commencé à comprendre les conversations en langue locale et à parler avec aisance. C'était un moment très émouvant pour moi, car j'avais réalisé quelque chose d'incroyable en si peu de temps. Cette expérience m'a appris que tout est possible avec de la discipline, de la persévérance et un peu de soutien. La méthode Pomodoro a été mon alliée tout au long de ce parcours, et je suis reconnaissant d'avoir découvert cette technique qui m'a permis de réaliser mon rêve de travailler à l'étranger. Aujourd'hui, lorsque je repense à cette expérience, je ressens une profonde gratitude envers moi-même pour avoir eu le courage de me lancer dans cette aventure et pour avoir trouvé une méthode efficace pour y arriver.

Cette technique est devenue mon outil de prédilection pour la préparation des examens ou m'intéresser à un sujet inconnu de type les "crypto-monnaies" ou autres sujets inconnus. Elle m'a aidé à rester motivé, à me concentrer et à atteindre mes objectifs. Je recommande vivement cette méthode à quiconque ayant des difficultés à rester concentré pendant de longues périodes de travail.

Cependant, il est important de noter que la technique Pomodoro ne convient pas à tout le monde. Certaines personnes préfèrent se concentrer sur une tâche jusqu'à ce qu'elle soit terminée, tandis que d'autres peuvent trouver des pauses de 5 minutes trop courtes pour se reposer efficacement. Cette technique est une méthode simple et efficace pour améliorer la concentration et la productivité. Essayez-le pour voir si cela fonctionne pour vous et adaptez-le en fonction de vos besoins personnels.

Chapitre 6

L'alimentation pour mieux se concentrer

As-tu déjà remarqué une différence dans ta concentration en fonction de ce que tu manges ?

Nous avons tous connu des moments où notre concentration est mise à l'épreuve. Que ce soit au travail, à l'école ou même pendant nos loisirs, il peut être difficile de rester concentré et productif tout au long de la journée. Cependant, l'alimentation peut jouer un rôle important dans notre capacité à nous concentrer et à rester alerte.

Voici quelques conseils concrets sur l'alimentation qui permettent de mieux se concentrer :

Évitez les sucres raffinés et les glucides simples :

Les aliments riches en sucres raffinés et en glucides simples, tels que les bonbons, les sodas, les pâtisseries et les aliments frits, peuvent causer des pics de glycémie suivis de baisses soudaines, ce qui peut affecter votre concentration et votre humeur. Pour maintenir une concentration constante, il est préférable de consommer des aliments riches en fibres et en protéines, tels que les légumes, les fruits, les noix et les viandes maigres.

Optez pour des aliments riches en nutriments :

Les aliments riches en nutriments peuvent aider à améliorer la fonction cérébrale et à stimuler la mémoire. Les fruits et légumes frais : les fruits et légumes sont riches en vitamines, minéraux et antioxydants, ce qui aide à améliorer la fonction cérébrale. Les options riches en nutriments incluent les baies, les épinards, les carottes, les brocolis, les courges et les avocats. Les noix et les graines : les noix et les graines sont riches en graisses saines et en vitamines B, qui sont essentielles pour la fonction cérébrale. Les options riches en nutriments incluent les noix de cajou, les amandes, les noix du Brésil, les graines de lin et les graines de chia. Les poissons gras comme le saumon et les sardines : les poissons gras sont riches en acides gras oméga-3, qui aident à améliorer la fonction cérébrale et la mémoire. Les céréales complètes : les céréales complètes sont riches en fibres, en vitamines B et en minéraux, qui aident à maintenir un niveau de concentration constant. Les options riches en nutriments incluent l'avoine, le quinoa, le riz brun et le blé entier.

Restez hydraté :

L'eau est essentielle pour maintenir la concentration et l'énergie tout au long de la journée. La déshydratation peut entraîner une fatigue mentale et une baisse de la concentration. Pour rester hydraté, buvez de l'eau tout au long de la journée et évitez les boissons sucrées et les sodas.

Personnellement, je bois énormément d'eau tout au long de la journée et j'ai découvert une astuce pour aider à maintenir ma concentration. En effet, notre cerveau est constamment en train de traiter les informations qu'il perçoit dans notre champ de vision, même de manière inconsciente. Ainsi, même si vous avez éteint votre téléphone et coupé les notifications, si vous le laissez sur votre bureau à portée de vue, votre cerveau sera attiré vers lui. Pour éviter cette distraction, il est important de mettre votre téléphone hors de votre champ de vision, par exemple en le rangeant sous un livre ou en le laissant dans une autre pièce. En revanche, j'ai utilisé cette même idée pour m'aider à boire plus d'eau. J'ai pris l'habitude de placer ma bouteille d'eau dans mon champ de vision, de sorte que je la voie régulièrement, sans même y penser. Cela m'incite à boire plus d'eau automatiquement, sans même m'en rendre compte.

En suivant cette astuce, vous pouvez améliorer votre concentration en évitant les distractions inutiles, tout en gardant une hydratation suffisante pour rester alerte et concentré tout au long de la journée.

Évitez les aliments transformés :

Il est important de comprendre que les aliments transformés peuvent avoir un impact négatif sur la concentration et la santé en général. En effet, ces aliments sont souvent riches en gras saturés, en sucre et en sel, qui peuvent affecter le fonctionnement du cerveau et entraîner une baisse de la concentration.

En revanche, les aliments frais et non transformés sont riches en nutriments, en fibres et en antioxydants, qui aident à maintenir un niveau de concentration constant et à améliorer la fonction cérébrale. De plus, ces aliments ont tendance à être moins caloriques et plus riches en éléments nutritifs essentiels.

En conclusion, une alimentation saine et équilibrée est essentielle pour maintenir une concentration constante et une bonne santé mentale. Évitez les aliments transformés et riches en sucre, optez pour des aliments riches en nutriments et restez hydraté pour améliorer votre concentration ainsi que votre productivité tout au long de la journée.

Avant de continuer votre lecture

J'espère que, jusqu'ici, ce livre a pu vous être utile et j'aimerais maintenant avoir votre avis pour continuer à améliorer cet ouvrage. Votre opinion compte beaucoup pour moi et je serais reconnaissant si vous pouviez partager votre expérience de lecture sur ***Amazon***. Votre avis me permettra de comprendre ce que vous avez aimé dans le livre, ce qui aurait pu être mieux et ce que vous auriez aimé voir de plus. Grâce à vos commentaires, je pourrai continuer à actualiser et enrichir cet ouvrage au fil du temps.

Je tiens à vous remercier pour votre confiance et pour votre soutien envers ce livre. Votre retour me sera très utile pour améliorer cet ouvrage et pour offrir un contenu encore plus enrichissant à mes lecteurs. Nous pouvons reprendre la lecture…

Semaine 3

Intégration et maintien des nouvelles habitudes

L'intégration de nouvelles habitudes peut être difficile, mais c'est souvent la clé pour atteindre nos objectifs à long terme. Cependant, il est important de se rappeler que l'intégration de nouvelles habitudes ne se produit pas du jour au lendemain. Cela peut prendre du temps, mais aussi nécessiter de la persévérance afin de les maintenir. L'un des plus grands défis de l'intégration de nouvelles habitudes est de rester motivé. Il est facile de commencer à s'écarter de nos habitudes nouvellement acquises lorsque la motivation diminue. Nous pouvons également rencontrer des obstacles externes qui entravent notre progression, tels que des événements imprévus ou un manque de temps.

Une autre difficulté peut être de briser nos anciennes habitudes. En effet, celles-ci sont souvent ancrées dans notre subconscient, ce qui les rend difficiles à changer. Il est facile de retomber dans des comportements familiers, même lorsque nous sommes conscients de leur impact négatif sur notre vie. Il est donc important de comprendre comment fonctionnent les habitudes.

Chapitre 1
La science derrière les habitudes

Les habitudes font partie intégrante de notre vie quotidienne. Elles peuvent être positives ou négatives, mais une chose est sûre : elles ont un impact sur nos comportements et nos actions. Mais comment se forment-elles ? Et comment pouvons-nous les changer si nous le souhaitons ? C'est ce que nous allons explorer dans ce chapitre.

Il est souvent dit que pour développer une habitude, il faut 21 jours de pratique consécutive. Mais d'où vient cette idée et est-elle vraie ?

En réalité, cette notion de 21 jours a été popularisée par un livre publié en 1960, intitulé "*Psycho-Cybernétique*" par le Dr Maxwell Maltz, un chirurgien plasticien. Dans ce livre, Maltz a observé que ses patients avaient besoin d'environ 21 jours pour s'adapter à leur nouvelle apparence après une chirurgie esthétique.

Depuis lors, cette idée a été étendue aux habitudes en général, en supposant que 21 jours de pratique consécutive seraient nécessaires pour former une nouvelle habitude. Cependant, des recherches plus récentes ont montré que ce n'est pas aussi simple que cela. Selon une étude de 2009 publiée dans l'European Journal of Social Psychology, il faut en moyenne 63 jours pour former une nouvelle habitude. Cependant, cela dépend de la complexité de l'habitude et de la fréquence à laquelle elle est pratiquée.

Par exemple, une habitude simple comme boire de l'eau tous les matins peut être formée en quelques semaines, tandis qu'une habitude plus complexe comme l'apprentissage d'une nouvelle langue peut prendre plusieurs mois.

Il est également important de noter que la pratique consécutive est essentielle pour former une nouvelle habitude. Si nous manquons un jour ou deux de pratique, cela peut retarder la formation de cette dernière.

Bien que l'idée de 21 jours pour former une nouvelle habitude soit populaire, la recherche montre que cela peut prendre beaucoup plus de temps. Il est important de continuer à pratiquer consécutivement et de se donner le temps nécessaire pour que la nouvelle habitude devienne une partie intégrante de notre vie quotidienne.

Selon les neuroscientifiques, les habitudes sont formées par des boucles de rétroaction dans notre cerveau. Ces boucles impliquent trois éléments clés :

1. **Le signal déclencheur**
2. **La routine**
3. **La récompense**

Le signal déclencheur est le facteur qui incite notre cerveau à passer à l'action. Cela peut être quelque chose de simple comme une heure de la journée, une situation ou une émotion.

La routine est l'action que nous prenons en réponse au signal déclencheur. En effet, elle peut être consciente ou non et est souvent répétée de manière routinière.

Enfin, la récompense est la satisfaction ou le soulagement que nous ressentons après avoir accompli la routine. C'est cette récompense qui renforce la boucle de rétroaction et qui nous incite à répéter la même action encore et encore.

Prenons l'exemple de quelqu'un qui veut développer une habitude d'exercice quotidienne. Le signal déclencheur pourrait être la vue de ses chaussures de course, qui lui rappelle qu'il est temps de faire de l'exercice. La routine serait une séance d'entraînement de 30 minutes sur un tapis de course ou une promenade dans le parc. La récompense pourrait être une sensation de fierté et d'accomplissement après l'exercice, ainsi qu'une dose d'endorphines qui se libèrent dans le cerveau. Au fil du temps, cette boucle de rétroaction se renforce, de sorte que la vue des chaussures de course devient un signal déclencheur plus fort, la routine devient plus facile à accomplir et la récompense est plus gratifiante. Cette personne peut alors développer une habitude durable d'exercice quotidien grâce à cette boucle de rétroaction positive.

En comprenant comment fonctionnent les boucles de rétroaction dans la formation des habitudes, nous pouvons être plus conscients de nos comportements et de nos choix, ce qui peut nous aider à créer des changements positifs durables dans notre vie.

Cette boucle de rétroaction peut être difficile à briser, surtout si la routine a été établie sur une longue période de temps. Cependant, la bonne nouvelle est qu'il est possible de changer nos habitudes en modifiant l'un des trois éléments clés de la boucle de rétroaction.

Par exemple, nous pouvons modifier le signal déclencheur en identifiant les déclencheurs qui nous poussent à adopter des comportements négatifs et en les évitant ou bien en les remplaçant par des déclencheurs plus positifs.

Modifier le signal déclencheur : Au lieu de se fier à la vue des chaussures de course comme signal déclencheur, la personne peut essayer de mettre son équipement d'exercice la veille au soir ou programmer une alarme pour lui rappeler qu'il est temps de faire de l'exercice. En changeant le signal déclencheur, la personne peut être davantage en mesure de répondre aux moments appropriés et d'adopter une routine plus régulière d'exercice.

Nous pouvons également modifier la routine en remplaçant l'ancienne routine par une nouvelle. Cela peut être difficile au début, mais si nous persistons, la nouvelle routine deviendra bientôt une habitude.

Modifier la routine : Si la routine actuelle d'une séance d'entraînement de 30 minutes sur un tapis de course ou une promenade dans le parc n'est plus motivante ou n'est plus appropriée, la personne peut changer de routine en essayant de nouveaux types d'exercice, en trouvant un partenaire d'exercice ou en rejoignant un groupe d'entraînement. En modifiant la routine, la personne peut trouver un nouvel enthousiasme pour l'exercice et se sentir plus motivée à continuer.

Enfin, nous pouvons modifier la récompense en identifiant les récompenses positives qui peuvent nous motiver à adopter de nouveaux comportements et en nous concentrant sur ces récompenses, plutôt que sur les résultats à court terme.

Modifier la récompense : Si la récompense actuelle d'une sensation de fierté et d'accomplissement après l'exercice et d'une dose d'endorphines ne suffit plus à motiver la personne, elle peut essayer de nouvelles récompenses, telles que des vacances ou des articles de sport qu'elle désire depuis longtemps. En trouvant de nouvelles récompenses, la personne peut trouver une motivation supplémentaire pour continuer à exercer régulièrement.

En résumé, les habitudes sont formées par des boucles de rétroaction dans notre cerveau. En comprenant cette boucle, nous pouvons apprendre à modifier nos habitudes afin de créer des changements positifs au sein de notre vie.

Chapitre 2

Comment maintenir de nouvelles habitudes à long terme

Nous avons déjà compris la science derrière les habitudes et les avantages de l'intégration de nouvelles habitudes dans notre vie quotidienne. Cependant, l'un des plus grands défis auxquels nous sommes confrontés lors de la création de nouvelles habitudes est de les maintenir à long terme.

Heureusement, il existe des stratégies efficaces pour maintenir de nouvelles habitudes à long terme. En voici quelques-unes :

Établissez un plan d'action : la création d'un plan d'action peut sembler fastidieuse, mais c'est une étape cruciale pour intégrer de nouvelles habitudes dans votre vie quotidienne. Lorsque vous établissez un plan d'action, vous êtes en mesure de mettre en place des étapes claires et mesurables pour atteindre vos objectifs.

Tout d'abord, identifiez les habitudes que vous souhaitez intégrer dans votre routine. Assurez-vous qu'elles soient réalistes et réalisables pour vous. Ensuite, créez un plan d'action qui détaille les étapes spécifiques que vous devrez suivre pour atteindre ces habitudes. Par exemple, si vous voulez intégrer une habitude d'exercice quotidien, votre plan d'action pourrait inclure la recherche de différentes options d'exercice, la planification d'un horaire d'exercice régulier et l'identification des incitations pour vous aider à rester motivé.

Il est également important de respecter des délais pour chaque étape de votre plan d'action. Cela vous aidera à rester responsable et à suivre votre progression. Si vous prévoyez de passer à une nouvelle habitude chaque semaine, par exemple, définissez un délai pour chaque étape de la semaine et respectez-le.

Faites preuve de persévérance : Il peut être facile de tomber dans l'habitude de procrastination ou de se laisser distraire par d'autres tâches. Cependant, il est important de persévérer et de continuer à pratiquer la nouvelle habitude chaque jour, même si cela peut sembler difficile au début.

Je me suis décidée à adopter une nouvelle habitude pour être plus active, mais je ne m'attendais pas à ce que ce soit si difficile. Les premiers jours, j'ai été super motivée et j'ai réussi à m'entraîner pendant une heure complète. Mais dès le deuxième jour, j'ai commencé à me laisser distraire. J'ai préféré regarder une émission de télévision plutôt que d'aller courir. J'ai continué à procrastiner, à trouver toutes les excuses possibles pour éviter l'entraînement. Jusqu'à ce que je me rende compte que je devais faire preuve de persévérance pour réussir. J'ai donc décidé de me donner une récompense chaque fois que je m'entraînais. Et devinez quoi ? Ça a marché !

Je suis fière de dire que je m'entraîne régulièrement maintenant et que j'ai remarqué une différence significative dans ma forme physique. Mais ce n'est pas tout, j'ai aussi remarqué quelque chose d'étrange. Chaque fois que je procrastine, je commence à entendre une petite voix qui me dit "tu devrais t'entraîner". Au début, j'ai pensé que c'était juste ma conscience, mais maintenant j'ai commencé à croire que mon tapis de course est hanté !

Même si cela peut sembler étrange, cela me rappelle de faire preuve de persévérance et de continuer à m'entraîner, même lorsque cela semble difficile. Alors, si vous aussi vous avez du mal à adopter une nouvelle habitude, souvenez-vous que la persévérance est la clé du succès. Et qui sait, peut-être que vous aussi vous entendrez une petite voix vous encourager à réussir !

Soyez conscient de vos déclencheurs : Comme nous l'avons vu dans le chapitre 1, les habitudes sont souvent déclenchées par des signaux spécifiques. En étant conscient de vos déclencheurs, vous pouvez mieux comprendre pourquoi vous êtes attiré par certaines habitudes et comment éviter les déclencheurs qui peuvent vous pousser à revenir à vos anciennes habitudes.

Trouvez du soutien social : Une bonne façon de trouver du soutien social pour maintenir de nouvelles habitudes est de rejoindre une communauté de personnes qui partagent vos intérêts. Par exemple, si vous voulez commencer à courir régulièrement, vous pouvez rejoindre un groupe de course local. De cette façon, vous pouvez vous connecter avec des personnes qui ont des objectifs similaires et qui peuvent vous encourager et vous soutenir dans votre parcours. De plus, il existe de nombreuses applications et plateformes en ligne qui peuvent vous aider à trouver des partenaires de soutien social pour vous aider à maintenir vos nouvelles habitudes. Vous pouvez trouver des groupes de soutien en ligne pour diverses habitudes, comme l'arrêt du tabac ou la perte de poids.

Trouver du soutien social peut être un outil puissant pour maintenir de nouvelles habitudes à long terme. En effet, il vous permet de vous connecter avec des personnes qui ont des objectifs similaires et qui peuvent vous encourager à continuer, même lorsque vous rencontrez des obstacles. N'ayez pas peur de demander de l'aide ou de rejoindre une communauté - vous pourriez être surpris de voir à quel point cela peut vous aider à atteindre vos objectifs.

Récompensez-vous : Une façon de rendre la récompense encore plus efficace est de la lier directement à votre nouvelle habitude. Par exemple, si vous voulez manger plus de fruits et légumes, vous pouvez vous récompenser en achetant un nouveau livre de recettes saines ou en achetant un bol à salade élégant. De cette façon, vous renforcez l'association entre votre nouvelle habitude et la récompense, ce qui peut vous motiver à maintenir la nouvelle habitude à long terme. Il est important de choisir des récompenses qui sont significatives pour vous. Si vous n'êtes pas un grand fan de la télévision, regarder un épisode de votre émission préférée ne sera pas une récompense très motivante pour vous. Au lieu de cela, choisissez quelque chose qui vous donne vraiment envie de travailler dur, comme un massage ou un week-end de détente.

Enfin, il faut noter que les récompenses ne devraient pas être utilisées comme une excuse pour se laisser aller. Si vous vous récompensez chaque fois que vous réussissez à pratiquer votre nouvelle habitude, vous devez également être prêt à travailler dur pour mériter cette récompense. En fin de compte, l'utilisation de récompenses peut être un outil efficace pour maintenir de nouvelles habitudes à long terme, mais cela nécessite donc une planification et une discipline constantes.

Ayez des attentes réalistes : Il est important de se rappeler que la création de nouvelles habitudes est un processus graduel qui prend du temps, mais également de la patience. Ayez des attentes réalistes pour vous-même et ne soyez pas trop dur avec vous si vous ne réussissez pas à maintenir la nouvelle habitude immédiatement. Une façon de rendre cela plus facile est de commencer petit. Si vous voulez par exemple intégrer une habitude de lecture quotidienne, commencez par lire seulement quelques minutes chaque jour et augmentez progressivement la durée de la lecture au fil du temps. En procédant ainsi, vous serez en mesure de construire sur votre succès initial, plutôt que de vous décourager en essayant d'adopter une nouvelle habitude trop ambitieuse dès le départ.

Utilisez des outils de concentration : des outils tels que des minuteries, des applications de méditation ou des techniques de respiration peuvent vous aider à rester concentré et à augmenter votre productivité. Voici cinq applications:

1. Forest - Cette application de concentration aide à réduire les distractions en vous encourageant à

planter un arbre virtuel chaque fois que vous vous concentrez sur une tâche pendant une période déterminée. Si vous sortez de l'application avant la fin de la période, votre arbre meurt, vous donnant une incitation visuelle pour rester concentré.

2. Pomodoro Timer - Cette application de minuterie est basée sur la technique Pomodoro, mentionnée précédemment. Elle vous permet de régler des minuteries pour des périodes de travail et de pauses, vous aidant à rester concentré pendant des périodes déterminées et à éviter la fatigue mentale.

3. Headspace - Cette application de méditation propose des sessions de méditation guidées pour aider à réduire le stress et à améliorer la concentration. Elle est particulièrement utile pour ceux qui ont du mal à se concentrer en raison de leur anxiété ou de leur stress.

4. Breathe - Cette application de respiration propose des exercices de respiration guidés pour aider à calmer l'esprit et à améliorer la

concentration. Elle est particulièrement utile pour ceux qui passent beaucoup de temps devant un écran d'ordinateur ou qui ont des problèmes de fatigue oculaire.

5. Noisli - Cette application de bruit ambiant propose une variété de sons relaxants pour aider à réduire les distractions et améliorer la concentration. Elle est particulièrement utile pour ceux qui ont besoin d'un environnement calme pour se concentrer, mais qui ne peuvent pas toujours contrôler les bruits extérieurs.

Créez un environnement propice : assurez-vous que votre environnement de travail ou d'étude est calme, organisé et exempt de distractions. Pour cela, vous pouvez utiliser des bouchons d'oreille pour bloquer les bruits externes ou écouter de la musique d'ambiance pour vous aider à vous concentrer. Il existe également des logiciels anti-distraction, qui vous aident à limiter l'accès aux sites web ou aux applications qui peuvent vous distraire pendant votre travail. En outre, assurez-vous que votre espace de travail soit organisé et propre pour éviter toute distraction visuelle. Si vous travaillez dans un endroit bruyant ou instable, essayez de trouver un endroit plus calme et plus propice à la concentration, comme une bibliothèque ou un café tranquille.

Par ailleurs, il est primordial de se rappeler que les habitudes sont un travail constant. Il peut y avoir des moments où vous échouez ou que vous vous trouvez en difficulté, mais cela ne signifie pas que vous devez abandonner. Apprenez de vos erreurs et utilisez-les comme une opportunité pour vous améliorer et devenir plus fort dans votre engagement envers votre nouvelle habitude. Commencez petit, soyez patient avec vous-même, et utilisez les erreurs comme une occasion d'apprentissage et de croissance.

En appliquant ces stratégies, vous pouvez maintenir de nouvelles habitudes à long terme et créer une vie plus épanouissante et plus saine pour vous-même. Rappelez-vous, la persévérance est la clé du succès, alors continuez à travailler dur pour atteindre vos objectifs et vous finirez par obtenir les résultats que vous recherchez.

Chapitre 3

Les 10 erreurs courantes à éviter pour réussir à améliorer sa concentration

Il est courant de vouloir améliorer sa concentration, mais il est tout aussi courant de faire des erreurs dans ce processus. Dans ce chapitre, nous allons examiner les 10 erreurs les plus courantes que les gens commettent lorsqu'ils essaient d'améliorer leur concentration et comment les éviter pour réussir à maintenir votre attention et votre productivité.

1. Sous-estimer l'importance de la concentration :

Pour mieux comprendre l'importance de la concentration, il suffit de penser à tous les moments où vous n'avez pas été capable de vous concentrer. Vous vous sentiez probablement dépassé, anxieux, stressé et peut-être même déprimé. La concentration est la clé pour réussir dans de nombreux domaines de la vie, qu'il s'agisse de travailler sur un projet important, de suivre une formation, de lire un livre, de pratiquer une activité sportive ou simplement d'avoir une conversation avec un ami. Sans la capacité de se concentrer, il est difficile d'accomplir des tâches importantes et d'atteindre ses objectifs. C'est pourquoi la première étape pour améliorer votre concentration est de reconnaître son importance et en prendre conscience. Prenez le temps de réfléchir à tous les aspects de votre vie où une meilleure concentration pourrait vous aider à atteindre vos objectifs plus rapidement et efficacement.

Il peut s'agir de choses simples comme rester concentré lors d'une réunion de travail, ou de choses plus importantes comme suivre une formation pour changer de carrière. La concentration est la clé pour réussir dans tous les aspects de la vie, et il est important de la reconnaître comme telle pour pouvoir la développer et l'améliorer.

2. Ne pas identifier les distractions :

Comme on l'a vu dans la semaine 1 chapitre 3, l'identification des distractions est essentielle pour améliorer votre capacité de concentration. Les distractions peuvent être de toutes sortes, elles sont souvent insidieuses et difficiles à repérer. C'est pourquoi il est important de prendre le temps de les identifier et de trouver des moyens de les éliminer. En identifiant les distractions, vous pouvez comprendre quelles sont les choses qui vous empêchent de vous concentrer. Cela peut être quelque chose d'aussi simple que la luminosité de votre écran d'ordinateur ou de votre téléphone portable, ou encore quelque chose de plus complexe comme une tâche qui vous préoccupe. En trouvant des moyens d'éliminer ces distractions, vous pouvez améliorer considérablement votre capacité de concentration. Cela peut impliquer de prendre des mesures pour réduire le bruit autour de vous ou de travailler dans un environnement plus calme et confortable. Il peut également être utile de mettre en pratique des techniques de méditation pour vous aider à vous concentrer sur le moment présent et calmer votre esprit.

3. Ne pas se fixer des objectifs clairs :

Je me souviens d'une fois où j'ai décidé de me mettre à la peinture. J'avais toujours admiré les œuvres d'art et j'ai pensé que ce serait une bonne idée d'essayer moi-même. J'ai acheté toutes les fournitures nécessaires, j'ai préparé mon atelier et j'ai commencé à peindre. Mais je me suis vite rendu compte que je n'avais aucun objectif clair en tête. Je peignais des choses au hasard, sans vraiment savoir ce que je voulais accomplir. J'ai essayé de peindre un paysage, mais cela ne ressemblait pas du tout à ce que j'imaginais. J'ai essayé de peindre un portrait, mais cela ressemblait plus à un monstre qu'à une personne. Finalement, j'ai abandonné la peinture et j'ai décidé que ce n'était pas pour moi. Mais en y repensant, j'ai compris que si j'avais eu des objectifs clairs en tête, cela aurait peut-être été différent. Si j'avais décidé à l'avance ce que je voulais peindre, j'aurais peut-être été plus concentrée et j'aurais pu réaliser quelque chose d'acceptable. Je me suis rendu compte que la peinture n'était peut-être pas pour moi. Mais je suis reconnaissante d'avoir appris cette leçon importante sur l'importance des objectifs clairs.

Maintenant, chaque fois que je me lance dans quelque chose de nouveau, je me fixe toujours des objectifs clairs. Que ce soit pour apprendre une nouvelle compétence, pour m'entraîner ou pour faire quelque chose de créatif, je prends le temps de réfléchir à ce que je veux accomplir et à comment je vais y arriver.

Bien sûr, cela ne veut pas dire que tout se passe toujours comme prévu. Parfois, je me laisse distraire ou je perds de vue mes objectifs. Mais je sais maintenant que si je veux réussir, je dois me concentrer sur ce que je veux accomplir et travailler dur pour y arriver.

4. Ne pas prendre de pauses régulières :

Imaginez que votre concentration est un athlète. Si vous ne lui permettez pas de récupérer entre les événements, il va vite s'épuiser et ne pas atteindre son plein potentiel. C'est la même chose pour votre cerveau. Si vous ne prenez pas de pauses régulières, votre concentration va rapidement s'épuiser et vous risquez de ne pas être à votre meilleur. Prenez donc le temps de faire des pauses régulières pendant la journée. Vous pouvez vous lever et vous étirer, prendre une collation ou simplement vous détendre pendant quelques minutes. Non seulement cela vous permettra de récupérer et de vous ressourcer, mais cela vous aidera également à maintenir votre concentration tout au long de la journée.

5. Ne pas être organisé :

Il est facile de se laisser submerger par le chaos et le désordre, surtout lorsque vous essayez de vous concentrer sur une tâche importante. C'est pourquoi il est essentiel de prendre le temps de vous organiser et de mettre de l'ordre dans votre environnement de travail. Commencez par désencombrer votre espace de travail. Rangez les documents et les fournitures dont vous n'avez pas besoin et assurez-vous que les choses que vous utilisez régulièrement sont facilement accessibles. Utilisez des boîtes de rangement et des classeurs pour garder les choses en ordre. Ensuite, prenez le temps de planifier votre journée. De ce fait, utilisez un agenda ou un calendrier pour noter les tâches que vous devez accomplir et fixez-vous des délais réalistes pour les terminer. Ainsi, cela vous aidera à rester organisé et à éviter de vous laisser distraire par d'autres tâches.

Utilisez la technologie pour vous aider à rester organisé. Il existe de nombreuses applications et outils qui peuvent vous aider à gérer votre temps et à organiser votre travail de manière efficace.

- Trello : un outil de gestion de projet qui permet de créer des tableaux, des listes et des cartes pour organiser les tâches et collaborer avec les membres de l'équipe.

- Evernote : une application de prise de notes qui permet de stocker et d'organiser des idées, des listes de tâches et des notes importantes.

- RescueTime : une application qui suit votre utilisation de l'ordinateur et des applications pour vous aider à comprendre comment vous passez votre temps et comment vous pouvez améliorer votre productivité.

- Google Agenda : un calendrier en ligne qui permet de planifier des événements, de créer des rappels et de partager des événements avec d'autres utilisateurs.

En prenant le temps de vous organiser, vous pourrez minimiser les distractions et vous concentrer sur ce qui est important. Alors, n'hésitez pas à prendre quelques minutes chaque jour pour mettre de l'ordre dans votre vie professionnelle et personnelle. Vous verrez que cela en vaut la peine !

6. Ne pas dormir suffisamment :

Il peut être tentant de sacrifier une heure ou deux de sommeil pour terminer une tâche importante ou simplement pour regarder un épisode supplémentaire de votre émission préférée. Cependant, cela peut avoir un impact considérable sur votre concentration et votre productivité. Le manque de sommeil peut vous rendre grognon, fatigué et incapable de vous concentrer sur les tâches les plus simples. Vous risquez également de commettre des erreurs, de prendre de mauvaises décisions et de manquer des informations importantes.

C'est pourquoi il est essentiel de dormir suffisamment pour vous sentir reposé et concentré. Essayez de dormir au moins 7 à 8 heures par nuit et de créer une routine de sommeil régulière pour vous aider à vous endormir et à vous réveiller à la même heure chaque jour. Si vous avez du mal à dormir, essayez de pratiquer des techniques de relaxation avant d'aller au lit, comme la méditation ou la respiration profonde.

Évitez également les écrans avant de dormir, car la lumière bleue des écrans peut perturber votre cycle de sommeil. Retournez consulter si besoin le chapitre 3 de la semaine 2 pour voir les techniques et méthodes pour vous aider à améliorer et entretenir votre sommeil. N'hésitez pas à vous offrir une bonne nuit de sommeil la prochaine fois que vous avez une tâche importante à accomplir. Votre corps et votre esprit vous remercieront!

7. Ne pas être en mesure de dire "non" :

Nous sommes souvent soumis à une pression sociale pour répondre aux attentes des autres et pour être constamment occupés. Cette pression peut nous pousser à dire "oui" à tout, même si cela signifie sacrifier des soirées de sommeil ou des moments de détente. Nous avons tous déjà été dans cette situation où nous avons du mal à dire "non" aux demandes des autres, que ce soit au travail, à l'école ou dans notre vie personnelle. Nous avons peur de décevoir les autres, de paraître égoïstes ou de manquer une opportunité importante.

Cependant, dire "oui" à tout peut être épuisant et vous empêcher de vous concentrer sur les choses qui comptent vraiment. Cela peut vous amener à sacrifier des soirées de sommeil pour assister à une fête ou à accepter un projet qui ne vous intéresse pas vraiment. Il est important de comprendre que dire "non" n'est pas une chose négative. En fait, c'est une compétence essentielle pour préserver votre énergie mentale et physique, et vous concentrer sur les tâches et les projets qui sont vraiment importants pour vous.

Essayez de déterminer ce qui est essentiel pour vous et apprenez à dire "non" aux demandes qui ne correspondent pas à vos priorités. Vous pouvez également utiliser des techniques de communication assertive afin d'exprimer votre refus sans blesser les sentiments des autres. En prenant le temps de réfléchir à vos priorités et en apprenant à dire "non" aux demandes non essentielles, vous pouvez préserver votre énergie et vous concentrer sur les tâches qui comptent vraiment. Alors, n'hésitez pas à dire "non" la prochaine fois que vous sentez que cela est nécessaire. Votre corps et votre esprit vous remercieront.

8. Être multitâche :

Saviez-vous que l'inventeur de la machine à écrire, Christopher Sholes, était initialement opposé à l'idée du clavier QWERTY ? Il avait conçu un clavier différent qui plaçait les lettres les plus couramment utilisées à des positions plus accessibles. Cependant, les premiers utilisateurs ont trouvé que le nouveau clavier était trop rapide et ont demandé à ce que l'on revienne au clavier QWERTY. Le clavier QWERTY a été conçu pour ralentir la vitesse de frappe afin d'éviter que les marteaux de la machine à écrire ne se coincent. Cette invention a eu un impact durable sur notre façon de travailler et de penser, car elle a encouragé le multitâche en nous faisant croire que nous pouvions faire plusieurs choses à la fois.

Cependant, de nombreuses études ont montré que le multitâche réduisait en fait notre efficacité et notre concentration. Lorsque nous essayons de faire plusieurs choses à la fois, notre cerveau doit constamment passer d'une tâche à l'autre, ce qui entraîne une perte de temps et d'énergie mentale.

Il est donc important de se concentrer sur une tâche à la fois pour maximiser notre efficacité. En nous concentrant sur une tâche à la fois, nous pouvons utiliser toute notre énergie mentale pour accomplir la tâche avec précision et qualité, plutôt que de nous disperser et de perdre du temps. Alors, prenons exemple sur Christopher Sholes et concentrons-nous sur une seule tâche à la fois pour améliorer notre productivité et notre concentration.

9. Ne pas prendre soin de soi :

Cher ami, je suis ici pour te rappeler que prendre soin de toi n'est pas une option, c'est une nécessité. Comme une fleur qui a besoin de lumière et d'eau pour fleurir ou comme vouloir conduire une voiture sans essence, notre corps et notre esprit ont besoin de soins et d'attention pour fonctionner à leur plein potentiel.

Prendre soin de soi ne doit pas être vu comme une perte de temps, mais plutôt comme un investissement dans votre propre bien-être. Prenez le temps de vous nourrir avec des aliments sains et frais, qui vous donneront l'énergie nécessaire pour briller de mille feux. Faites de l'exercice régulièrement, que ce soit une promenade dans la nature ou une séance d'entraînement intense, pour libérer les tensions de votre corps et stimuler votre cerveau. Et n'oubliez pas de prendre des moments de détente pour vous, que ce soit en lisant un livre, en écoutant de la musique ou en méditant. Effectivement, ces moments vous permettent de vous recentrer et de te connecter avec vous-même.

En prenant soin de vous, vous serez en mesure de vous concentrer plus efficacement sur les tâches importantes de votre vie, tout en vous sentant plus heureux et plus épanoui. Alors, faites-en une priorité dans votre vie et vous verrez que les résultats seront spectaculaires.

10. Ne pas persévérer :

Il est important de se rappeler que la concentration est une compétence qui peut être améliorée avec le temps et la pratique. Il ne faut pas se décourager si les résultats ne sont pas immédiats, mais plutôt continuer à persévérer dans nos efforts.

Un exemple historique inspirant est celui de Thomas Edison, l'inventeur de l'ampoule électrique. Edison a fait face à de nombreux échecs et obstacles tout au long de sa carrière, mais il a persévéré malgré tout. Il a déclaré : "Je n'ai pas échoué. J'ai simplement trouvé 10 000 façons qui ne fonctionnent pas."

C'est sa persévérance et sa détermination qui ont conduit à sa grande réussite. Si Edison avait abandonné après ses premiers échecs, l'ampoule électrique n'aurait peut-être jamais été inventée.

Il est également important de se rappeler que l'amélioration de la concentration est un processus graduel. Il peut prendre du temps pour voir des résultats significatifs, mais chaque petit progrès compte. Il est important de célébrer chaque petite victoire et de rester motivé dans notre parcours.

Une astuce utile pour maintenir notre motivation est de se fixer des objectifs réalisables et mesurables. Par exemple, si notre objectif est de travailler sur un projet pendant une heure sans être distrait, nous pouvons commencer par nous concentrer sur une tâche pendant 10 à 15 minutes, puis augmenter progressivement la durée. Enfin, il est important de ne pas se décourager en cas de rechute. Si nous nous laissons distraire ou perdons notre concentration, il ne faut pas abandonner. Il suffit de reprendre là où nous nous sommes arrêtés et de continuer à avancer.

En évitant ces 10 erreurs, vous pouvez vous concentrer sur les choses qui comptent vraiment et atteindre vos objectifs plus rapidement et plus efficacement. Cependant, il est important de se rappeler qu'il n'y a pas de solution miracle pour améliorer la concentration. En effet, chacun doit trouver les méthodes qui fonctionnent le mieux pour eux et s'adapter à leurs propres besoins et préférences. Prenez le temps d'explorer différentes techniques et astuces pour améliorer votre concentration et soyez ouvert à essayer de nouvelles choses.

En conclusion

En conclusion, la concentration est une compétence essentielle pour réussir dans tous les aspects de la vie. Nous avons vu dans ce livre comment comprendre les mécanismes de la concentration et identifier les obstacles à une bonne concentration. Également, nous avons exploré différentes techniques pour améliorer la concentration telles que la méditation, l'exercice physique, le sommeil et la technique Pomodoro. Mais surtout, nous avons appris comment intégrer ces techniques dans notre routine quotidienne et maintenir de nouvelles habitudes à long terme. En seulement 21 jours, il est possible de développer de nouvelles habitudes et d'améliorer considérablement sa concentration. Bien sûr, cela prendra de la persévérance et de l'engagement, mais les résultats en valent la peine. En évitant les 10 erreurs courantes que nous avons identifiées, vous pouvez réussir à améliorer votre concentration et atteindre vos objectifs personnels et professionnels, avec succès.

Rappelez-vous, la clé de la concentration est la pratique et la patience. En gardant un esprit ouvert et en étant prêt à essayer de nouvelles techniques, vous pouvez devenir un maître de la concentration en un rien de temps.

Enfin, je vous encourage à persévérer dans votre voyage vers une meilleure concentration. Améliorer votre concentration est une habitude qui peut être difficile à prendre, mais les bénéfices qui en découlent sont inestimables. Vous pourrez ainsi mieux réussir dans vos projets professionnels et personnels, et vous sentir davantage accompli et satisfait dans votre vie. En utilisant les techniques et les stratégies que nous avons présentées au sein de ce livre, vous pouvez être assuré de faire des progrès significatifs en seulement 21 jours. La persévérance est la clé du succès. Ne vous découragez pas si vous ne voyez pas de résultats immédiats et n'oubliez pas de prendre soin de vous et de votre bien-être afin de soutenir votre voyage vers une meilleure concentration.

Ensemble, nous pouvons améliorer nos capacités de concentration et atteindre nos objectifs personnels et professionnels avec succès. Alors, prenez ce livre comme un outil pour vous guider et pour devenir la meilleure version de vous-même. Bonne chance et que la concentration soit avec vous !

Je vous souhaite le meilleur dans vos projets personnels et professionnels, et je suis convaincu que vous pouvez devenir un maître de la concentration. Alors, allez-y, pratiquez, persévérez et réussissez ! Alors, qu'attendez-vous ? Lancez-vous dans l'aventure et devenez un maître de la concentration !

Avant de se dire au revoir

Permettez-moi de vous poser une question importante. Avez-vous trouvé ce livre utile ? Si oui, j'aimerais vous demander un petit service.

En partageant votre expérience de lecture sur Amazon, vous pouvez aider non seulement moi, mais également d'autres lecteurs qui cherchent des livres enrichissants. Votre opinion compte beaucoup pour moi et m'aidera à continuer à améliorer et à enrichir cet ouvrage pour vous offrir une expérience encore plus incroyable. Je tiens à vous remercier pour votre confiance et votre soutien envers ce livre. Vos commentaires me sont précieux et je suis sûr que vos idées aideront à améliorer cet ouvrage au fil du temps. Alors, n'hésitez pas à partager vos impressions sur Amazon pour aider d'autres lecteurs à découvrir ce livre exceptionnel.

Printed in France by Amazon
Brétigny-sur-Orge, FR

12194590R00066